COMMENT ON AURAIT PU TENTER

LE

SAUVETAGE

DES

GALIONS DE VIGO

PAR

J. B. TOSELLI

Ancien Officier du Génie

> Tout le monde est libre d'entreprendre des recherches; il n'est pas donné à tout le monde de les mener à bonne fin.
>
> FAUCAULT.

PARIS

TYPOGRAPHIE DE PHILIPPE CORDIER

FAUBOURG SAINT-DENIS, 49

1875

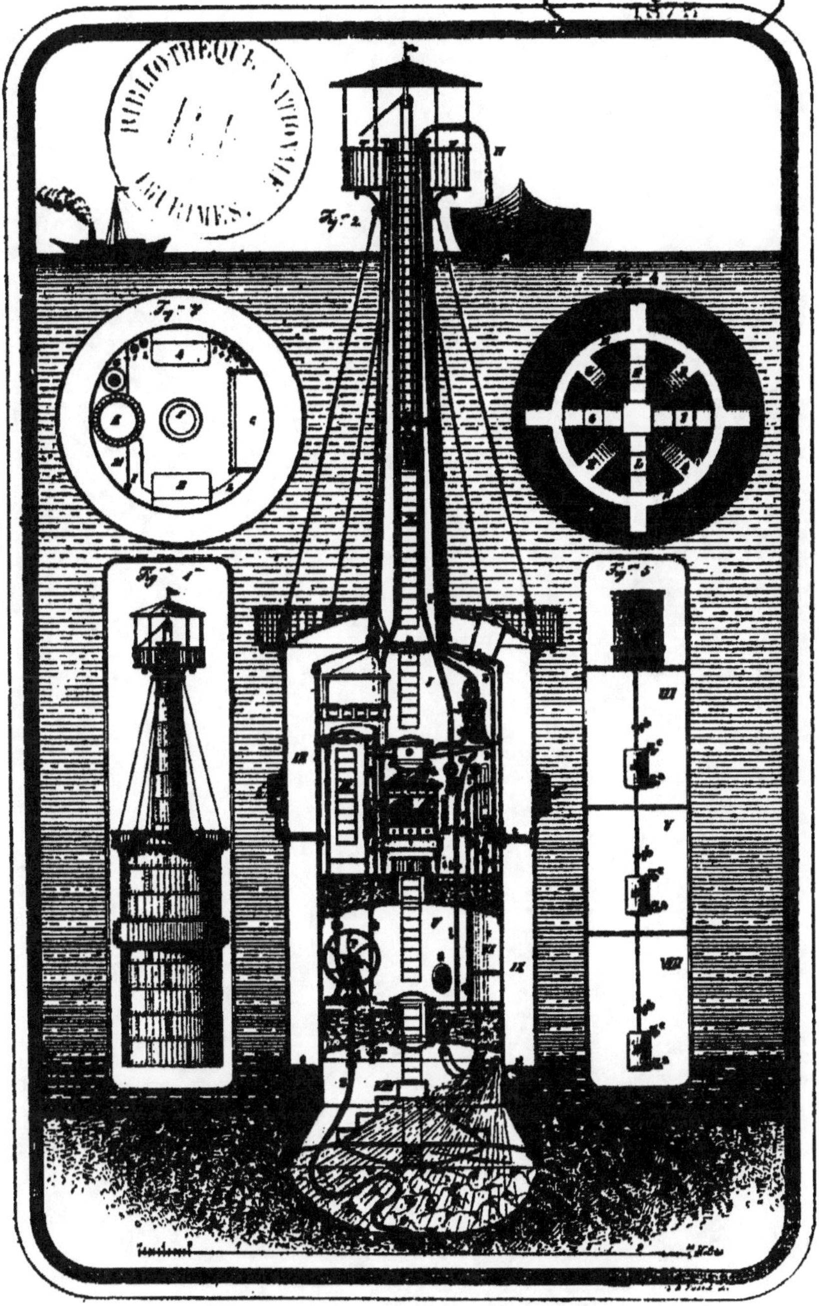

CLOCHE SOUS-MARINE

DE J. B. TOSELLI, ANCIEN OFFICIER DU GÉNIE.

COMMENT ON AURAIT PU TENTER

LE

SAUVETAGE

DES

GALIONS DE VIGO

PAR

J. B. TOSELLI

Ancien Officier du Génie

> Tout le monde est libre d'entreprendre des recherches;
> il n'est pas donné à tout le monde de les mener à bonne fin.
> FAUCAULT.

PARIS

TYPOGRAPHIE DE PHILIPPE CORDIER

FAUBOURG SAINT-DENIS, 49

—

1875

Après le malheureux résultat de cette entreprise, résultat auquel le public ne s'attendait nullement; les déceptions des capitalistes qui avaient accordé confiance et argent et qui n'ont récolté que le plus cruel désappointement; je crois utile d'expliquer ici comment on aurait pu procéder dans un pareil travail.

Dans l'intérêt de l'histoire je profite de l'occasion qui se présente pour rappeler au lecteur qu'en 1871, après avoir fait les premières expériences de ma **Taupe marine**; m'être pénétré et rendu parfaitement compte de toutes les difficultés que l'homme doit vaincre pour pouvoir travailler à certaines profondeurs de la mer; je me suis rendu aussitôt après mon arrivée à Paris, au siége de la Société qui s'était constituée pour le sauvetage des *Galions de Vigo*, afin de m'entretenir avec l'ingénieur chargé de la direction de cette entreprise et lui communiquer mes réflexions.

Je fus très-poliment reçu, mais quand je lui appris que j'étais l'inventeur de la **Taupe marine**, il s'écria :

« *Je la connais et sais d'avance ce que vous désirez; mais je le regrette,*
« *la Société possède déjà tous les moyens pour conduire l'entreprise à bonne*
« *fin; et je n'ai besoin d'aucun autre conseil.* »

Cette réception ne m'a ni étonné, ni rebuté, j'avoue même franchement qu'elle m'a fait soigneusement tenir secret jusqu'à ce jour, le plan que j'ai l'honneur de soumettre à l'appréciation du public.

On croit généralement que les inventeurs ne font que rêver. Oui, c'est vrai. Les plus célèbres ont rêvé aussi; et l'on rêve toujours; mais cependant, les chemins de fer, les bateaux à vapeur, les télégraphes, les spectroscopes, et une infinité d'autres inventions qui font le bonheur de l'humanité, marchent tout de même !

Combien de rêves les inventeurs n'ont-ils pas réalisés ? Et combien d'autres ne réaliseront-ils pas encore !

Si cet ingénieur avait daigné m'écouter dans son propre intérêt et surtout dans celui de la Société qui lui avait confié la direction de l'entreprise, je suis persuadé qu'il m'en aurait su gré plus tard.

Ce n'était certainement pas le cas, à mon avis, de confier à des vulgaires plongeurs un aussi sérieux travail, et il est véritablement malheureux que cette tentative n'ait pas abouti, car de semblables insuccès jettent le doute et le découragement dans les rangs des capitalistes, naturellement très-rebelles, et peu disposés à prêter la main aux entreprises nouvelles et hardies.

Je suis persuadé que l'application de ma **Cloche sous-marine** aurait répondu au but que l'on s'était proposé d'atteindre. C'est pour cela que je désire la décrire en entier; cette machine pouvant réussir utilement à recueillir au fond de la mer non-seulement les objets précieux, mais encore servir pour débarrasser l'entrée de certains ports des rochers qui en empêchent l'accès, ainsi que pour les travaux de maçonnerie, tels que : fondations ou piles des ponts sur les fleuves et les lacs, etc.

Je passerai seulement sous silence la description de l'**Aéréovolta**, que j'ai imaginé pour me procurer sans aucune fatigue au fond de la mer, l'air respirable, attendu que cette invention me permet de concourir au prix que le gouvernement Français a institué pour encourager les recherches sur les nouvelles applications de la pile Volta à l'industrie. Ce concours ne sera clos que le 26 novembre de l'année prochaine; ce ne sera donc qu'à cette époque et après le jugement de la Commission déléguée à cet effet, que je pourrai décrire avec tous les détails l'appareil que j'ai nommé **Aéréovolta**, en mémoire de la reconnaissance que tout homme doit professer pour ce grand physicien à qui la société doit la découverte de la pile électrique, qui fait marcher les télégraphes, etc.

Avant de commencer la description de ma machine, je tiens d'abord à exposer les considérations qui m'ont conduit aux dispositions du plan suivant, qui diffère beaucoup de celui de la **Taupe marine**, destinée à la direction de certains travaux à de grandes profondeurs, ainsi que du bateau sous-marin qui devra, comme engin de guerre, concourir à la défense des côtes et servir à tenir en respect une flotte ennemie.

Après la lecture des rapports faits sur l'usage des tubes à air comprimé et la description de toutes les maladies qui ont frappé les personnes qui y ont travaillé; je me suis demandé si en examinant scrupuleusement les causes de ces maladies, on ne pourrait pas en prévenir les douloureux effets grâce aux ressources de la science, qui peut toujours opposer à une action, une réaction quelconque.

Parmi les ouvrages que j'ai consultés, je cite celui de M. le docteur Pravas, directeur de l'institut orthopédique et pneumatique de Lyon, intitulé : *Essai sur l'emploi médical de l'air comprimé*, qui m'a été très-utile. C'est un livre vraiment précieux. La critique est rationnelle et prouve le talent sérieux et profond de l'auteur.

Personne ne pourra lui nier la priorité de beaucoup d'observations physiologiques, ainsi que les nouvelles applications qu'il a faites de l'air que nous respirons pour la guérison des maladies les plus graves.

D'après l'opinion des savants, il paraît que l'homme qui passe graduellement de l'air libre dans une atmosphère plus dense, au lieu de souffrir se trouve au contraire après quelques instants parfaitement à son aise; et que tout le mal ne provient que lorsqu'il abandonne l'état de compression. Mais si l'homme ne souffre pas en passant graduellement d'une à plusieurs atmosphères de pression, il me semble que ce n'est pas une raison pour qu'il souffre en passant dans des conditions identiques et avec prudence, de plusieurs atmosphères à une seule, soit de l'état anormal à l'état ordinaire. Je suis donc autorisé à croire que les caissons ou tubes à air comprimé renferment d'autres causes plus nuisibles à la constitution de l'homme, que ne l'est par elle seule la raréfaction de l'air.

« *Nous avons vu :* ainsi s'exprime le docteur Hermel, *qu'il y avait, pendant* « *la décompression, accélération de la respiration pour suppléer par le* « *nombre des inspirations à l'empliation restreinte des poumons. Accélération* « *de la circulation artérielle produite par la fréquence des mouvements respi-* « *ratoires. On a vu les pulsations normales de 50 à 58, monter jusqu'à 110,* « *115 et 130. Ralentissement de la circulation veineuse et de la circulation* « *capillaire, déterminée par la diminution de la force aspirante de la poitrine* « *dans un milieu moins dense.*

« *On comprend facilement que les deux actions simultanées de l'accéléra-* « *tion de la circulation artérielle et du ralentissement de la circulation* « *veineuse, surtout dans les capillaires, se combinent entre elles pour déter-* « *miner non-seulement les congestions pulmonaires, mais encore toutes les*

« *congestions possibles dans toutes les viscères, dans tous les tissus de l'or-* « *ganisme, ainsi que cela a été observé par MM. Pol, Watelle et François,* « *pour le cœur, le foie, la rate, les reins, le tissu cellulaire.* » (1).

Pour bien saisir les causes de ces phénomènes désolants, il faut suivre avec la plus scrupuleuse attention toutes les anomalies ou altérations qui s'opèrent dans l'air comprimé, lorsque plusieurs personnes y ont séjourné des heures entières à la lueur des bougies ordinaires, ainsi que celles qui s'opèrent dans l'air raréfié; s'appuyer de toutes les observations des savants pour arriver à retirer de cette étude toutes les inductions qui peuvent conduire, sinon à la solution immédiate de ce problème difficile, du moins, à la rendre possible dans l'avenir.

Tout le monde sait que dans les caissons, l'air comprimé a une température plus élevée que la température extérieure. C'est pour cela que les ouvriers suent abondamment. On sait en outre que l'air devenant plus rare, a pour effet de faire baisser sa température. C'est pourquoi l'homme habitué à vivre dans un milieu tempéré, devant brusquement passer d'un endroit plus chaud qu'à l'ordinaire, à un autre beaucoup plus froid, doit subir les conséquences fâcheuses d'un pareil phénomène, c'est-à-dire les paralysies rhumatismales, la toux, etc.

Il me semble très-facile de parer à cet inconvénient, en empêchant, dans le principe, le développement de la chaleur, dû à la compression de l'air et en produisant à la fin, dans la chambre d'équilibre, un courant d'air chaud, ce qui aura pour effet d'y maintenir une température constante au moment de la raréfaction de l'air. Ce ne sera ni trop difficile, ni trop couteux à obtenir.

On économisera ainsi d'un côté une grande quantité d'oxigène pour la respiration et d'un autre côté on évitera les maladies auxquelles peut être exposé l'homme qui passe brusquement d'une température élevée, à une autre très-froide.

Les ouvriers se trouvent très à leur aise dans la chambre de travail et souffrent en montant l'échelle pour arriver au passage d'équilibre.

Pourquoi ?, me suis-je demandé, sont-ils indisposés lorsqu'ils se trouvent en haut, tandis que tout le contraire leur arrive lorsqu'ils travaillent en bas, où il y a excès d'acide carbonique produit par la respiration des hommes et par la combustion des bougies ?

La question est certainement plus complexe qu'elle ne le paraît à première vue ; mais raisonnons :

Lavoisier a démontré qu'un individu qui travaille, absorbe le double et quelquefois le triple d'oxigène que lorsqu'il est en repos. Or, un homme qui monte sur une longue échelle verticale et dans un milieu pareil, accomplit un travail très-fatiguant.

Des observations faites par M. Loppenuz, sur le dosage de l'acide carbonique contenu dans la salle de spectacle de Gand, il résulterait que les couches supérieures de l'air contiennent une plus grande quantité d'acide carbonique que les couches inférieures.

Ceci paraît un paradoxe, car l'acide carbonique a une pesanteur spécifique plus grande que l'air, et, devrait conséquemment se porter plutôt en bas qu'en haut : Je pense donc qu'il se trouve dans ces couches supérieures un autre gaz, qui, plus meurtrier et en même temps ayant une grande affinité

---

(1) Des accidents produits par l'usage des caissons ou chambres à air comprimé, dans les travaux souterrains ou sous-marins. (Extrait de l'Art médical. Paris, J.-B Ballière et fils, 1863).

avec lui, est capable de tenir en suspension l'acide carbonique avec lequel il serait mêlé.

Dans la **Taupe marine** que je possède à Marseille, et qui descend à de grandes profondeurs dans la mer, j'ai éprouvé moi-même la différence que produit le séjour dans la partie basse ou dans la partie haute de l'appareil.

J'ai pu résister pendant plusieurs heures en restant dans le fond de la machine, tandis qu'en respirant trois mètres plus haut pendant quinze minutes seulement, j'ai été horriblement fatigué. Cet effet ne pouvait certainement pas être produit par un excès d'acide carbonique puisqu'il y en avait autant dans le bas. Ce qui prouverait donc que l'homme montant l'échelle dans les tubes y trouve l'air de plus en plus vicié; tandis qu'en faisant des efforts pour monter, au lieu de rencontrer un air plus méphitique, il devrait pour les raisons que j'ai donné, y trouver une plus grande quantité d'oxigène.

Il n'est donc pas étonnant que ce passage d'équilibre devienne fatal aux ouvriers, qui au lieu de jouir d'un moment de repos et de confort, y subissent au contraire une des plus périlleuses épreuves.

Pourquoi donc, sachant qu'en raison de la fatigue et du froid éprouvés par ces hommes, ils absorbent une plus grande quantité d'oxigène; n'a-t-on pas pensé à supprimer l'échelle et à leur procurer de la chaleur? Je suis amené à croire qu'en les décomprimant on leur enlève la plus grande partie du peu d'air vital qui leur reste, ce qui sans aucun doute est la véritable et la plus puissante cause de leurs maladies.

Supposons par exemple, qu'on laisse passer un homme, de quatre atmosphères à une seule, ce qui équivaudrait à dire que le manque d'oxigène qui existe déjà dans cet air confiné, deviendra d'un seul coup quatre fois plus grand, il est certain que l'homme obligé de rester plusieurs minutes dans ce manque presque absolu d'air vital, ne peut faire autrement que de souffrir.

M. le docteur J.M.A. Lacomme affirme que : « *Dès que l'air a perdu seulement 1 0/0 de son oxigène, la respiration de l'homme placé dans ce milieu devient pénible. Lorsque l'air a perdu 4 0/0, la difficulté de respirer et l'anxiété sont au comble. Enfin la mort survient quand l'air a perdu de 5 à 6 0/0 de son oxigène.* » (1)

Si on ajoute à ce phénomène qui agit directement sur les poumons et sur le sang, le rapide et grand abaissement de température occasionné par la raréfaction de l'air, abaissement qui rendra nécessaire, comme nous le verrons ci-après, une double quantité d'oxigène, comment veut-on que cet homme, obligé de respirer en outre pendant toute la durée de la décompression une grande quantité d'air méphitique n'en reçoive quelque lésion interne fort grave ?

Rappelons ici l'opinion consignée par M. le docteur Hermel, opinion qu'il affirme avec une persistance qui l'honore, que dans les tubes ou caissons à air comprimé, l'acide carbonique se trouve mélangé avec de l'oxyde de carbone, qui est irrespirable et en outre extrêmement toxique, il ne pourra rester aucun doute à ce sujet, si comme le dit le savant docteur : « *L'absorption de l'oxigène, le dégagement d'acide carbonique et de vapeurs* « *fumeuses, la formation d'oxyde de carbone, etc..., placent les hommes* « *dans toutes les conditions d'asphyxie par privation d'air vital et par empoi*« *sonnement des gaz délétères.* »

De plus, M. Boussingault a découvert qu'il se dégage incessamment de

(1) Bateau sous-marin à voie ferrée, pour traverser la Manche. — Paris, A. Martin et Cie, 1875.

l'oxyde de carbone au-dessus des terrains marécageux ; ce qui provient de la respiration des plantes aquatiques, qui ne décomposent que partiellement l'acide carbonique de l'atmosphère.

M. Lefèvre a constaté avec M. Gavarret, que lorsque des animaux vivent dans une atmosphère pauvre en oxigène, ils fournissent par leur respiration une quantité appréciable d'oxyde de carbone. (1)

M. Bucquoy, de Strasbourg, a confirmé cette opinion. Il n'y a donc pas à douter que dans les caisses ouvertes au fond et qui contiennent une atmosphère pauvre en oxigène, il ne se développe une certaine quantité d'oxyde de carbone, qui étant d'une pesanteur spécifique inférieure à celle de l'air, devra nécessairement se réfugier en haut, c'est-à-dire au passage d'équilibre dans lequel les ouvriers doivent rester quelque temps avant de sortir.

Si l'expérience a prouvé et démontré que l'homme doit mettre le plus longtemps possible à se décomprimer, il est évident que plus il restera dans la chambre d'équilibre, plus il absorbera de poison, attendu que sa respiration devient graduellement plus accélérée à mesure que l'air déjà pauvre en oxigène, devient plus rare.

C'est donc le cas de dire que les tubes employés pour la construction des ponts de Kehl et d'Argenteuil renfermaient le loup dans la bergerie !

M. Hermel dit que Ferster et Meraut, hommes très-robustes, tombèrent en syncope et moururent presque instantanément à la sortie du passage d'équilibre ; et un troisième ouvrier est mort dans ledit passage, même avant d'être décomprimé.

Par quel miracle en effet un homme qui a travaillé dans ces tubes a-t-il pu en sortir sans être affecté de quelque maladie grave ; si l'oxyde de carbone, ainsi que l'a affirmé M. le professeur Bernard, peut le tuer en empêchant le sang artériel de devenir veineux : il paralyse les globules et met obstacle aux échanges gazeux dont ils sont les agents. (2)

Je me plais à le répéter, il n'y a pas de raison pour que l'homme se trouve plus malade en passant d'un état anormal à l'état ordinaire, c'est-à-dire en passant de plusieurs atmosphères à une seule, puisque l'on sait qu'il ne souffre nullement en passant d'une à plusieurs atmosphères de pression, lorsque ce passage s'opère graduellement et dans les conditions exigées par sa constitution physique.

Personne, que je sache, n'a démontré jusqu'à ce jour que dans les tubes de Kehl et d'Argenteuil, la décompression de l'air ne s'arrêtait pas à une atmosphère, mais qu'elle était même beaucoup inférieure, sinon dans la densité, au moins dans ce qu'il y a de plus important ; c'est-à-dire dans ses propriétés nécessaires à la respiration de l'homme ; je veux parler de la quantité d'oxygène. Ce grand défaut suffirait à lui seul même dans l'air comprimé, à rendre gravement malade ou exposer sérieusement la vie de celui qui l'éprouverait.

Il est tellement vrai que la décompression ou raréfaction graduée de l'air ne peut nuire à l'homme, que si le célèbre Saussure et ses compagnons se sont trouvés indisposés lorsqu'ils sont arrivés à la hauteur de 3,000 mètres sur le Mont-Blanc, les habitants de *Quito* respirent parfaitement à la même hauteur. Humbold a beaucoup souffert à 4,481 mètres, Boussingault est arrivé sur le *Chimborrazzo* à 6,000 mètres, Gay-Lussac a respiré à 7,000 mètres, Glaischer et Coxwell ont dépassé 9,000 mètres de hauteur.

---

(1) Docteur Hermel, page 27.

(2) Docteur Hermel, page 28.

Ce n'est donc pas la faible pression de l'air qui est cause de tout le mal, mais bien la faible quantité d'oxygène qui est insuffisante à l'hématose.

Pour moi, je suis on ne peut plus convaincu que si l'on mettait deux hommes, l'un dans un milieu condensé à plusieurs atmosphères et l'autre dans une demi-atmosphère seulement, mais que celle-ci soit continuellement pourvue de la quantité d'oxigène qui est nécessaire à la respiration de l'homme, tandis que l'autre n'aurait d'autre secours que l'abondance d'air. Le premier mourrait avant le deuxième, quoique se trouvant tous deux enveloppés dans une identique quantité d'acide carbonique.

M. Boussingault a dit : « *Dans toutes les excursions que j'ai entreprises* « *dans les Cordillières, j'ai toujours éprouvé à hauteur égale une sensation* « *infiniment plus pénible en gravissant une pente couverte de neige qu'en* « *m'élevant sur une roche nue. Nous avons beaucoup plus souffert en esca-* « *ladant le Cotopaxi qu'en montant le Chimborrazzo; c'est que sur le* « *Cotopaxi nous sommes restés constamment sur la neige.* »

Liebig a fait une réflexion qui explique la cause du phénomène observé par Boussingault : *Si la température du sang humain reste constante dans les climats les plus opposés*, dit Liebig ; *cela prouve que la quantité d'oxigène absorbée par le sang, croît en raison directe de l'abaissement de la température de l'air ambiant.*

Les savants voyageurs qui ont gravi les hautes montagnes sont tous d'accord pour déclarer que les périlleux phénomènes de la raréfaction de l'air, ne commencent à se produire que lorsqu'on a dépassé les limites des neiges perpétuelles. Ces limites ne se trouvent cependant pas à la même pression ou raréfaction de l'air, puisqu'elles varient de quelques milliers de mètres de hauteur suivant la latitude des endroits.

Il résulte donc de cela, que c'est effectivement le besoin d'oxygène, nécessité par l'abaissement de la température qui met l'homme non-seulement dans l'impossibilité de marcher, mais encore de se mouvoir, comme l'ont éprouvé : Saussure, Humbold, Scherwil, Klarck, Martin, Bravais, Bourgeur, La Condamine, ainsi que beaucoup d'autres.

Edward, aussi assure que les animaux à sang chaud absorbent plus d'oxygène en hiver qu'en été, et Letellier a observé qu'à la température de zéro, ils exalaient deux fois plus d'acide carbonique. Ceci admis, il est impossible de ne pas reconnaître que dans les caissons ou tubes de Kehl et d'Argenteuil au moment de la raréfaction de l'air dans l'étroit passage dit d'équilibre; le froid intense qui doit s'y produire, doit nécessairement faire absorber au sang humain une plus grande quantité d'oxigène pour arriver à lui conserver la température qui lui est indispensable.

Voilà donc la principale cause des maladies qui affectent les ouvriers, reconnue. Au moment, ou pour la raréfaction de l'air et du froid qui en est la conséquence, ils avaient besoin d'une plus grande quantité d'oxigène, on leur enlevait la plus grande partie du peu qui leur restait, et en outre, au lieu d'oxigène, on les obligeait pendant une demi-heure à absorber de l'acide carbonique mélangé avec de l'oxide de carbone!

De là cette expression caractéristique et si significative des ouvriers : *On ne paye qu'en sortant !*

S'il en est ainsi; cherchons avec soin la manière de pouvoir sortir *sans payer*, en substituant à l'étroit passage dit d'équilibre, un autre plus spacieux, dans lequel il n'y aurait ni froid glacial, ni manque d'oxigène, ni excès d'acide carbonique et d'oxyde de carbone, au moment de la décompression; c'est-à-dire en obtenant à l'aide des ressources de la science, que l'homme puisse rester toujours dans les conditions exigées par sa constitution interne et qu'aucune cause quelle qu'elle soit ne vienne altérer les fonctions des viscères, et par conséquent y pratiquer quelque lésion.

Voici de quelle manière j'ai disposé ma **Cloche sous-marine**, afin d'éviter tous les inconvénients précités :

Forme et dimensions de la CLOCHE sous-marine

La forme la plus simple et en même temps la plus solide, est sans aucun doute la forme cylindrique. Les dimensions seront toujours en raison de l'importance du travail, c'est-à-dire en raison du nombre de personnes qui devront entrer dans la machine pour y travailler, et selon le travail que l'on aura à exécuter.

Pour enlever facilement les matières précieuses contenues dans les *Galions de Vigo*, il faudrait au moins six ouvriers, un ingénieur directeur des travaux, et un médecin.

La machine dont je vais donner la description pourrait contenir parfaitement huit personnes.

Nomenclature des Figures

Fig. 1e Vue de la machine.
Fig. 2e Coupe verticale.
Fig. 3e Plan de la chambre du Directeur.
- A Bureau du directeur.
- B Bureau du médecin.
- C Lit.
- G Calorifère.
- F Porte d'entrée de la chambre des dépôts.
- E Passage d'équilibre.
- I L Banquettes pour faire asseoir les ouvriers pendant la décompression.
- 1. 2. 3. 4. 5. Tubes divers.

Fig. 4e Plan de la chambre de travail.
- G H I L Escaliers.
- M N Plate-forme annulaire sur laquelle pourront se placer les travailleurs pour opérer.
- O P Q R Allées sur lesquelles les ouvriers pourront travailler, sans être obligés de mettre les pieds dans la vase.

Fig. 5e Distribution de l'eau potable.

Cette machine construite tout en fer et en bronze, peserait trente tonnes environ, et coûterait *cent-trente mille francs*, tout compris ; c'est-à-dire la machine, les instruments de précision, et le lest qui à lui seul coûterait le double de la machine elle-même.

Elle aurait quelques-unes des propriétés physiques de ma **Taupe marine**, c'est-à-dire de résister à la pression qui l'environne, de descendre et monter seule à la volonté de l'ingénieur-directeur.

Elle pourra marcher lentement au gré des ouvriers, dans toutes directions horizontales par les seuls efforts de ces mêmes ouvriers.

Le directeur communiquera avec le capitaine du navire qui l'accompagne, au moyen de mon **hydro-télégraphe**.

Cette machine diffère cependant de ma **Taupe marine**, en ce que celle-ci peut descendre à de grandes profondeurs, tandis que l'autre ne peut atteindre, tout au plus, que 60 mètres, ce qui est l'extrême limite de la pression à laquelle les hommes très-robustes et très-sains peuvent résister, selon l'opinion de quelques savants.

La science n'a pu encore donner sur cet argument de données sérieuses, parce que la pratique n'a pu fournir qu'une suite d'incertitudes, ou des faits qui, quoique annoncés, n'ont pu être contrôlés.

Quant à moi, je dis : lors même que les galions de Vigo seraient engloutis à une profondeur double qu'ils ne le sont effectivement, ma **Cloche sous-marine** pourrait transporter sur place avec toute sécurité, les ouvriers chargés d'exécuter le travail et leur permettre d'y rester toute la journée sans qu'il leur arrive le moindre accident, comme je vais l'expliquer ci-après.

Description de la Machine

Elle est divisée en plusieurs compartiments.

La chambre n° I est l'antichambre du bureau de l'ingénieur-directeur. Cette antichambre est à la pression ordinaire de l'atmosphère, parce que le tube ou chemin par lequel on entre, se trouve à l'extrémité supérieure, hors de l'eau.

Il s'y trouve une pompe aspirante et foulante, un ventilateur, une cuisine, ainsi que les différentes provisions. Un cuisinier et un garçon y resteront continuellement de garde.

Elle est munie de quatre portes, une desquelles seulement est continuellement ouverte; c'est la porte **a**. On ne la fermera que dans le cas ou par une exception extraordinaire l'eau de la mer entrait par le chemin **x**. On épuiserait cette eau au moyen de la pompe; et lorsque la **Cloche** se trouvera au niveau de la mer, les personnes sortiront par l'autre porte **bc**, qui a une double fermeture.

La porte **d** sert à l'entrée et à la sortie des personnes enfermées dans les compartiments inférieurs, et la porte **e** à double fermeture sert à faire descendre et monter les objets quels qu'ils soient. Le ventilateur servira au renouvellement de l'air dans le cas ou ce dernier deviendrait méphitique.

La chambre II est le passage intermédiaire par lequel les personnes pourront, une à la fois se porter de la pression ordinaire à l'air comprimé, et *vice-versa*. Elle ne sert cependant que dans le cas presque exceptionnel ou une personne devrait pendant le travail, entrer ou sortir de la machine.

Le troisième compartiment est la véritable chambre d'équilibre. C'est dans cette chambre que sont installés les bureaux de l'ingénieur-directeur et du médecin, avec tous leurs instruments de précision; tels que l'**hydro-télégraphe**, les robinets, les manomètres, etc., ainsi qu'un lit, et les produits pharmaceutiques.

Cette chambre a trois portes, la première, **f**, mène au passage d'équilibre, la seconde, **g**, conduit à la chambre des dépôts, et la troisième, **e**, à double fermeture, conduit à l'antichambre.

Cette double fermeture, constitue un petit passage d'équilibre par lequel l'ingénieur-directeur pourra faire entrer et sortir rapidement un objet quelconque. A cet effet la fermeture inférieure de cette porte est munie d'un robinet pour le passage de l'air. C'est encore par cette ouverture que le cuisinier servira les aliments.

Le quatrième compartiment est destiné à recevoir la vase qui pourrait contenir en dissolution quelques matières précieuses. Ce compartiment pourrait être supprimé, ainsi que je l'expliquerai plus tard.

La chambre V est la chambre des dépôts, dans laquelle sont mises les matières enlevées. Il s'y trouve une pompe aspirante et foulante **p**, un treuil et les cabinets (compartiment VI).

Le VIIe compartiment est destiné au lest mobile, c'est-à-dire à une certaine quantité d'eau de mer, que l'ingénieur-directeur fera entrer lorsqu'il voudra faire descendre la **Cloche** et lui donner un certain poids ; et qu'il fera sortir lorsqu'il voudra rendre la machine plus légère et la faire remonter au niveau de la mer. Le volume de cette chambre est d'environ 12 mètres cubes.

Ce compartiment, comme le n° IV, doit être en communication avec l'air extérieur au moyen de tubes munis de robinets, que l'ingénieur ouvrira pour donner issue à l'air lorsqu'il voudra y faire entrer les liquides.

Le VIIIe compartiment est la chambre destinée aux travaux. Il y a une plate-forme circulaire munie d'une galerie avec quelques marches d'élévation, afin que les ouvriers puissent commencer leurs travaux sans mettre les pieds dans la vase ni dans l'eau. L'ouverture qui conduit à ce compartiment est munie d'une double fermeture.

Le bord inférieur de la **Cloche** est en biseau, afin qu'elle puisse plus facilement descendre au fur et à mesure que les ouvriers enlèveront le terrain.

Le IXe compartiment circulaire est le plus vaste. Il forme une double enveloppe à la **Cloche**, enveloppe dans laquelle est emmagasiné l'air comprimé à six atmosphères, au moyen d'une pompe mise en mouvement par une machine à vapeur installée sur le navire qui remorque l'appareil.

L'ingénieur-directeur en tirera l'air nécessaire à l'alimentation des chambres et pour opérer certains travaux sans peine aucune pour les ouvriers.

La raison pour laquelle je préfère comprimer l'air dans la double enveloppe de la **Cloche** et non directement dans les chambres, c'est que de cette manière j'évite l'élévation de la température que produirait le calorique latent devenu libre par la compression. On comprendra facilement qu'en comprimant cet air dans la double enveloppe, il perdra le calorique par le contact de la grande superficie extérieure avec l'eau de mer ; ce qui fera que cet air envoyé par l'ingénieur-directeur entrera dans les chambres, plutôt froid que chaud, et par conséquent, les ouvriers suant moins, résisteront plus facilement à leurs fatigues.

Cette double enveloppe a encore un autre avantage, c'est celui d'isoler les compartiments internes, de l'eau de la mer ; et par conséquent de les rendre plus secs. L'accès à l'espace compris entre les deux enveloppes a lieu par le trou d'homme O. C'est au fond de cet espace que se placera le lest fixe, destiné à neutraliser la pression de la mer, et à maintenir la machine continuellement verticale.

Le Xe compartiment est le chemin tubulaire par lequel on fera passer tous les objets trouvés ; il est couronné d'une galerie couverte T U, afin qu'en cas de pluie l'eau ne puisse entrer dans la chambre I, et que les ouvriers de l'extérieur se trouvent préservés de l'eau et du soleil en même temps.

La face saillante et circulaire A' B' renferme l'**Aéréo-volta** que j'ai imaginé pour enlever à l'eau de la mer la quantité d'oxygène nécessaire pour rendre respirable l'air vicié des chambres.

Je donnerai plus tard, ainsi que je l'ai dit, la description exacte de cet appareil, qui pourrait rendre possible la navigation sous-marine dans certains endroits.

Emploi du temps

Les hommes entreraient dans la machine à 7 heures du matin. De 7 heures à 7 1/2 ils feraient un premier repas pendant la compression. — De 7 heures 1/2 à 11 heures, travail. — De 11 heures à midi et demi, déjeûner et repos. — Pendant cet intervalle, l'ingénieur-directeur pourrait si cela était nécessaire, renouveler l'air des chambres.

De midi et demi à 5 heures du soir, travail. — De 5 heures à 6, décompression. — De 6 heures à 8, déchargement de la machine par les ouvriers de l'extérieur.

Comme on le voit, les ouvriers de l'intérieur resteraient 10 heures dans la **Cloche**, et auraient seulement 8 heures de travail effectif.

La **Cloche** pourrait rester jour et nuit dans la même position, sans avoir besoin de remonter au niveau de la mer.

Dans un cas urgent on pourrait très-facilement, avec un double personnel, continuer les travaux même la nuit. Ces travaux s'opèreraient nécessairement comme en plein jour, avec la lumière électrique, qui a le double pouvoir d'éclairer d'avantage et de ne pas absorber l'oxigène, comme le font les lumières ordinaires qui produisent en outre une fumée épaisse et très-incommode.

Comment on entre dans la CLOCHE sous-marine

Si la machine se trouve au fond de la mer, les personnes entreront directement, c'est-à-dire par le tube ou chemin qui a l'extrémité supérieure hors de l'eau. Si au contraire la **Cloche** *se trouve au niveau de la mer*, elles monteront par l'échelle extérieure à la galerie supérieure, et de celle-ci elles descendront par le tube, dans l'antichambre, et de là dans les chambres III et V, attendu qu'elles se trouvent ouvertes et en communication avec l'air extérieur. Il n'y aura de fermé que la porte inférieure du Ve compartiment qui conduit à la chambre de travail. Cette porte ne pourra s'ouvrir que lorsque la pression de l'air des chambres supérieures dépassera, ou sera au moins en équilibre avec celle de la mer.

Une fois toutes les personnes descendues, l'ingénieur-directeur fera fermer hermétiquement toutes les portes qui mènent à l'antichambre ; il ouvrira un des robinets de la double enveloppe et fera pénétrer ainsi l'air comprimé, dans les chambres III et V. Aussitôt qu'elles se trouveront à la pression de la mer, il fera ouvrir un second robinet qui donnera entrée à l'air dans la chambre de travail, et lorsque la pression aura chassé l'eau de cette chambre les ouvriers pourront alors ouvrir la porte pour descendre. Ceci fait, l'ingénieur directeur aura le plus grand soin que cette pression interne soit toujours la même *si ce n'est quelque peu* supérieure à celle de l'extérieur en faisant entrer de temps en temps dans lesdites chambres, de l'air de la double enveloppe, dont le manomètre devra continuellement marquer six atmosphères.

Le volume de la double enveloppe étant de près de 75 mètres cubes, et la pression de l'air qui y est contenu à 6 atmosphères, l'ingénieur-directeur aura donc une masse d'au moins 200 mètres cubes d'air, dont il pourra disposer à son gré.

Les expériences ont démontré que la respiration régulière d'un homme exige en moyenne un 1/2 mètre cube d'air par heure. Par conséquent, huit personnes en exigeront 40 mètres cubes pendant 10 heures.

Comme le volume des chambres III, V et VIII, est de 66 mètres cubes, et que la pression y sera à trois atmosphères, les huit personnes auraient quatre fois plus d'air qu'elles n'auraient besoin pour leur respiration, sans toucher à l'air de la double paroi où il y en aurait encore au moins 200 mètres cubes ; c'est-à-dire assez pour que les huit personnes puissent respirer sans gêne pendant 50 heures de plus à la profondeur de 20 mètres.

De quelle manière on pourra recueillir les matières sans valeur et en débarrasser la CLOCHE

Les ouvriers rempliront un certain nombre de caisses avec les terres qu'ils auront enlevé et les déposeront ensuite dans la chambre supérieure, ainsi qu'autour de la galerie de travail. Supposons que le poids de ces caisses atteigne 10 tonnes ; on conduira alors la **Cloche** vers un autre point, ou on la débarrassera des matières enlevées.

Pour cela, l'ingénieur-directeur n'aura qu'à ouvrir le robinet **i**, ce qui mettra le compartiment VII, en communication avec la chambre m. L'air se précipitera par le tube **I m**, sur la superficie de l'eau, laquelle se trouvant ainsi comprimée ; il n'y aura plus qu'à ouvrir le robinet du tube **n p**, pour qu'elle se rende d'elle-même dans la mer. La machine devenue assez légère pour pouvoir flotter, sera conduite vers le point où elle doit déposer les matières enlevées.

A mesure que l'on débarrassera la machine des matières recueillies, en les jetant à la mer, le directeur, ayant fermé les robinets des deux tubes **I m** et **n p**, ouvrira ceux des tubes **qr** et **st**. Le premier mettra le compartiment VII en communication avec l'air extérieur, et le second laissera entrer dans ce compartiment l'eau nécessaire pour que la **Cloche** reste continuellement au même niveau.

Pour savoir à quelle profondeur exacte de la mer se trouve la machine, l'ingénieur-directeur n'aura qu'à regarder le manomètre V, communiquant avec la mer. Lorsqu'il verra l'aiguille de ce manomètre avancer, cela prouvera que la **Cloche** descend ; il fermera alors le robinet du tube **s t** pour arrêter la machine et la voir ensuite se mettre à remonter par le déchargement successif des matières, opéré par les ouvriers.

Entre le *mis à flot* de la **Cloche** et sa descente, il y aura une marge assez grande d'équilibre intermédiaire pour toute la longueur du tube ou compartiment X[e]. Par conséquent l'ingénieur-directeur pourra parfaitement et à son gré, faire exécuter le déchargement et laisser descendre en même temps l'eau de la mer dans le VIIe compartiment sans craindre de voir la **Cloche** s'enfoncer au-delà du nécessaire, puisque ledit tube X, une fois sorti entièrement de l'eau, ne pourra plus y rentrer sans que la **Cloche** ne perde tout le poids de l'eau déplacée, soit environ 8 tonnes. Il s'ensuit qu'alors même que l'ingénieur-directeur perdrait de vue pour un moment le manomètre et le robinet d'entrée de l'eau, il n'aurait pas à craindre de voir la machine descendre sans qu'il le sache.

Voici la raison pour laquelle j'ai fait monter le tube **Im** jusqu'au plafond de la chambre de l'ingénieur-directeur.

L'oxyde de carbone se portant naturellement vers les couches supérieures de la chambre, passera le premier dans le VIIe compartiment, d'où il sera chassé dans l'atmosphère au niveau de la mer lorsque ce compartiment se remplira d'eau. De cette manière l'air se purifiera de lui-même, chaque fois que l'ingénieur-directeur mettra les deux robinets en jeu, substituant bien entendu à cet air qui sort, un air plus pur et plus frais qu'il tirera de la double paroi.

Au moyen de l'**hydro-télégraphe** il pourra, toutes les fois qu'il verra le manomètre marquer une pression inférieure à 6 atmosphères, donner l'ordre au navire qui remorque la **Cloche**, de faire fonctionner la pompe à air.

Dans un cas urgent, après avoir fait entrer l'air vicié de la chambre III, dans le compartiment VII, il pourra faire entrer dans ce compartiment et directement l'air contenu dans la double enveloppe; lequel ayant une pression plus grande, chassera beaucoup plus promptement l'eau en dehors de la machine.

Comment on pourra recueillir la vase contenant des matières précieuses en dissolution

Pour faire entrer le liquide précieux dans le IVe compartiment, l'ingénieur-directeur donnera l'ordre de placer une extrémité du tube aducteur **zy** dans la vase que l'on suppose être dans la base de la **Cloche**; l'extrémité opposée de ce tube se raccordera avec le tube **k**, dont on ouvrira le robinet **x**. Il n'aura plus qu'à ouvrir le robinet du tube A B qui communique avec l'air extérieur, pour que la vase en S se précipite dans le 4e compartiment poussée par la pression de l'air.

Une fois ce compartiment rempli de matières liquides, l'ingénieur-directeur les fera passer de cet endroit dans une barque placée au niveau de la mer, près de la galerie supérieure de la machine ou tombera le liquide ainsi qu'on le voit en H.

Pour cela il fermera le robinet du tube A B, et il ouvrira celui du tube D E F G par lequel ce liquide montera avec une vitesse proportionnelle à la force de l'air comprimé qui lui fera évacuer le 4e compartiment.

De cette manière les matières semi-liquides se transporteront du fond de la mer au niveau par le moyen indiqué, sans que les ouvriers se donnent la moindre peine ni fatigue.

On comprendra que ce 4e compartiment ne soit pas absolument nécessaire pour cette opération puisque l'on peut faire monter directement le liquide précieux du fond de la mer, dans la barque dont nous avons parlé. Il sera cependant fort utile dans beaucoup de cas spéciaux, surtout pour contenir une certaine quantité d'eau douce, lorsque la machine devra servir pour bâtir une pile ou autre maçonnerie.

Il sera très-utile d'avoir dans la chambre des dépôts, une forte pompe P aspirante et foulante, afin d'arriver avec son aide, à obtenir le résultat indiqué plus haut, de faire monter du fond de la mer, dans le 4e compartiment ou bien directement dans la barque, toutes les matières semi-liquides, quand par une circonstance quelconque la pression de l'air ferait défaut.

Comment on déchargerait de la machine les objets précieux ou de valeur que l'on aurait placés dans le compartiment des Dépôts

Pour faire sortir de la machine les objets de valeur recueillis au fond de la mer, il faudra décomprimer d'abord toutes les personnes renfermées dans la **Cloche**. Nous voici donc arrivés au point le plus délicat de la question; c'est-à-dire à la sortie, qui est si fatale.

Pour que l'homme ne souffre pas, j'ai déjà dit que pendant tout le temps que dure la décompression, il devra se trouver dans l'état naturel de sa constitution physique, c'est-à-dire, ne pas changer brusquement sa température normale, ne pas être obligé de respirer un air vicié ou des gaz vénéneux et surtout ne pas manquer d'oxigène; en un mot, il devra se trouver parfaitement à son aise dans la chambre d'équilibre.

Je suis persuadé qu'on pourra lui procurer tous ces avantages sans trop grandes difficultés et sans grandes dépenses.

La journée de travail terminée, et la chambre des dépôts remplie de matériaux, l'ingénieur-directeur fera allumer le calorifère et monter les ouvriers dans la chambre des dépôts. On fermera les portes qui conduisent au VIIIe compartiment; après cela il fera monter les ouvriers dans la chambre d'équilibre III, et les fera asseoir. Il expulsera l'eau du VIIe compartiment par le moyen indiqué.

Lorsqu'il verra la température de la chambre s'élever, il donnera issue à l'air comprimé, en ouvrant modérément le robinet de décharge.

En se raréfiant, l'air abaissera sensiblement sa température, et lorsque l'ingénieur-directeur s'apercevra qu'elle approche de celle de l'air extérieur, il fermera le robinet de sortie pour ne pas produire de froid. Alors la température s'élevant de nouveau, il rouvrira le robinet, et ainsi de suite jusqu'à ce que la température et la pression internes se soient mises en équilibre avec celles de l'extérieur.

De cette façon on préservera les ouvriers des maladies qui proviennent du subit passage d'une température élevée à une autre glaciale, et on évitera par cela seul, la nécessité d'une plus grande quantité d'oxigène.

Au commencement de la décompression, l'ingénieur-directeur ouvrira un autre robinet du réservoir d'air comprimé qui se trouvera dans cette chambre, et en communication avec l'air de la double enveloppe.

De ce réservoir, partiraient autant de petits tubes en caoutchouc, qu'il y aurait de personnes enfermées; chacune d'elles aurait à la main l'extrémité de ce tube, qui sera muni d'un robinet, et le tenant à une certaine distance de leur bouche, elles n'auront au besoin qu'à ouvrir ce petit robinet pour mettre leurs poumons en présence d'un jet d'air pur.

De cette manière, la décompression qui s'opèrera à la température ordinaire pourra se prolonger autant que cela sera nécessaire, puisque chacun pourra absorber l'oxygène dont il aurait besoin. (1)

Je le répète, la décompression pourrait être ainsi prolongée autant qu'on le voudrait sans le moindre inconvénient, puisque la chambre d'équilibre ne sera plus comme dans les tubes de Kehl et d'Argenteuil, un instrument de torture, mais bien au contraire un lieu de repos et de confort.

Pendant la décompression, l'ingénieur-directeur aura toujours les yeux fixés sur le thermomètre et sur le baromètre, puisque de lui seul dépend, en manœuvrant le robinet de la sortie de l'air, de faire monter ou baisser brusquement la température.

En tout cas, la quantité d'air qui sortira, devra toujours être supérieure à celle de l'air qu'on laissera entrer de la double enveloppe.

Au lieu de mettre chaque individu en présence d'un jet d'air vital durant la décompression, l'ingénieur-directeur pourra renforcer tout l'air de la chambre au moyen de quelques jets d'oxigène qu'il tirera de l'**Aéréovolta**, ainsi que je l'expliquerai en son temps. Je dirai alors pourquoi j'ai placé cet appareil hors de la **Cloche**, au lieu de le mettre dedans; comment on pourra recueillir et mélanger cet oxigène avec une partie de l'air de la double enveloppe, que l'on conservera dans un réservoir *ad hoc*.

Une fois que l'équilibre aura été fait entre l'antichambre et les chambres inférieures, l'ingénieur-directeur fera ouvrir les portes, et chacun pourra

---

(1) Voir à la dernière page l'appendice.

s'en aller sans craindre qu'en montant l'échelle à l'air libre, cela puisse occasionner quelque maladie.

Les ouvriers de l'extérieur pourront alors faire descendre le seau L de la galerie supérieure jusqu'à la chambre des dépôts, et le faire remonter plein, et ainsi de suite, jusqu'à ce que l'on ait déchargé la machine de tous les objets de valeur.

Comment on fera monter les objets trop volumineux pour pouvoir passer par la porte de la CLOCHE

Lorsqu'on aura trouvé un objet de grande dimension qu'il ne serait pas prudent ni avantageux de briser, on l'amarrera fortement avec des cordages et des chaînes extérieures, et lorsque la **Cloche** viendra à flot on montera alors cet objet par les moyens connus. Dans ce cas, mes **engins automoteurs** pourront rendre les plus utiles services.

Comment on pourra avec ma Machine, retirer tous les objets de valeur, lorsqu'ils se trouveront cachés dans les coins les plus reculés d'un navire, où les hommes protégés par la CLOCHE, ne pourraient pénétrer sans elle.

Des rapports faits à la Société exploratrice des Galions de Vigo, il résulterait que le bois des navires aurait conservé sa solidité, si elle n'est même devenue plus grande.

Voici comment j'opèrerai : Après avoir retiré toute la vase qui couvre le pont, je ferai pratiquer tout autour du navire, un fossé, de manière à pouvoir l'entourer avec une forte **chaîne aérydrique** de mon invention, qui le fera venir à flot tout entier. On le remorquera alors en lieu sûr, ou on pourra avec plus de commodité et d'attention, le vider de tout ce qu'il pourrait contenir.

Si l'état de l'épave ne permettait pas de la soulever entièrement on ferait pénétrer alors la **Cloche** dans le pont et on le videra de tout ce qu'il contient, avec les moyens dont peut disposer la machine.

Je dois avertir que quoique le calorifère se trouve installé dans la chambre de l'ingénieur-directeur, il n'aura avec celle-ci aucune communication, si ce n'est l'irradiation du calorique. Il s'alimentera de charbon par le haut, c'est-à-dire par l'antichambre; l'ingénieur-directeur n'aura qu'à ouvrir le robinet qui se trouve à sa portée pour faire, suivant le besoin, souffler le feu par l'air comprimé de la double enveloppe.

Parmi les provisions les plus nécessaires à la vie des hommes se trouve l'eau potable.

Je vais expliquer comment on pourrait distribuer dans chaque chambre, l'eau qui descendrait purifiée par un filtre installé dans l'antichambre, et qui sera conséquemment toujours approvisionné.

De la fontaine filtrante A, fig. 5, descendrait un tube en étain, qui serait relié à trois vases en étain B C D, lesquels seraient placés dans les chambres III, V et VIII. Chaque station serait munie de trois robinets : celui de décharge **a**, celui de fermeture **b**, et celui de pression **c**.

Supposons que l'on veuille sortir de l'eau, de l'un de ces trois vases, on fermera avant tout, le robinet **b**, puis on ouvrira le robinet **c**, par lequel l'air de la chambre pourra pénétrer et pousser l'eau, qui sortira alors par le robinet **a**. Il ne faudra jamais oublier d'ouvrir le robinet **b**, et fermer le robinet **c** toutes les fois que l'on aura tiré de l'eau, afin que la provision ne fasse jamais défaut dans ces trois récipients.

De cette façon on pourra se procurer même de l'eau ordinaire dans chaque chambre, soit pour se laver, soit pour un besoin quelconque.

Je trouve inutile d'entrer dans de plus grands détails de construction et de distribution de chaque partie et de chaque instrument de la machine, parce qu'ils pourront changer plus ou moins, selon l'esprit et la volonté de l'ingénieur qui aura le bonheur de diriger une semblable entreprise, à laquelle l'avenir réserve pour l'honneur de la science, la victoire la plus complète.

J. B. TOSELLI.

215, *rue Lafayette, à Paris.*

N. B. Il est entendu que l'on ne pourra travailler avec cette machine que lorsque la mer sera calme, c'est-à-dire dans la saison favorable; et qu'elle sera remorquée dans un endroit sûr pendant les mauvais temps.

APPENDICE

Le 24 septembre 1871, moi et mon frère Guillaume, nous sommes entrés dans la *Taupe marine*, et nous avons plongé dans le port de Cagliari, en présence d'un millier de personnes, pour expérimenter la coupe des fils des torpilles. Dans cette première machine l'espace était véritablement minime; car en calculant le volume de nos corps et celui de tous les instruments et objets divers qu'il y avait, il nous restait à peine un demi-mètre cube d'air.

Après un quart d'heure que nous étions hermétiquement renfermés, mon frère a essayé d'allumer une bougie, mais il n'a pu y réussir, car les allumettes s'éteignaient instantanément; donc l'oxigène y faisait défaut. Voyant alors mon frère effrayé et ma respiration devenir pénible, j'ai ouvert deux petits robinets, et j'ai commencé à nous faire souffler devant la bouche un jet d'air vital.

Nous avons pu de cette manière rester au fond du port plus d'une heure et demie, sans même avoir le moindre mal de tête. Nous avons coupé le fil et nous sommes sortis tous les deux bien portants, et le public nous a acclamé et battu les mains. On m'a raconté qu'un médecin, qui assistait à cette expérience, avait parié qu'une fois la machine remontée de l'eau, nous ne serions pas sortis vivants; mais qu'on nous aurait retirés asphyxiés. Il n'avait pas tort, car il ignorait que dans ma machine je tenais un dépôt d'air vital, sans lequel nous n'eussions pu rester renfermés plus d'un quart d'heure, sans exposer notre vie aux plus graves perturbations physiologiques et à toutes leurs fatales conséquences.

On connaît déja les moyens chimiques à l'aide desquels on peut se débarrasser de l'acide carbonique et de l'oxyde de carbone au fur et à mesure de leur [illegible] mation. Quant à l'azote, j'ai pu m'apercevoir que même lorsqu'il est mélangé à une quantité d'acide carbonique, ces deux gaz ne sont pas mortels autant qu'on le croit, si le milieu où l'on est hermétiquement renfermé possède une source bien réglée d'oxigène suffisante à l'hématose de chaque personne.

J'ai risqué plus d'une fois la vie dans ma *Taupe-marine* pour me convaincre que la nature de notre organisme sait choisir et absorber la quantité d'air vital qui lui est nécessaire, et repousser d'elle-même les gaz qui lui sont contraires.

Je dis donc que l'homme peut tranquillement rester longtemps dans une Cloche sous-marine pourvu que l'air, qu'il est obligé de respirer, n'ait jamais le moindre défaut d'oxygène. C'est à cela que pourvoira l'**Aéréovolta.**

PARIS. — *Imprimerie de Ph. Cordier, Faub. St-Denis*, 49

www.ingramcontent.com/pod-product-compliance
Lightning Source LLC
LaVergne TN
LVHW021530140926
848035LV00047B/1286